Los ESCUELA EN CASA Profesor planificador

PARA EL EDUCADOR ORGANIZADO

NOMBRE

AÑOS

NIVEL DE AÑO

AÑO

Los
ESCUELA EN CASA
Profesor planificador

Secciones

Uno. Horario de clases

Dos. Asistencia

Tres. Fechas importantes

Cuatro. Sitio web y recursos

Cinco. Planificador semanal de lecciones

Seis. Asignaciones principales

Siete. Las boletas de calificaciones

Horario de clases

Pegue su horario aquí o use la página siguiente

Horario de clases

Pegue su horario aquí o use la página siguiente

HORARIO SEMANAL

COMENZANDO / /

Los
ESCUELA EN CASA
Profesor planificador

DÍA	LUNES	MARTES	MIÉRCOLES
LECCIÓN 1 *HORA DE INICIO* :	TEMA	TEMA	TEMA
LECCIÓN 2 *HORA DE INICIO* :			
LECCIÓN 3 *HORA DE INICIO* :			
LECCIÓN 4 *HORA DE INICIO* :			
LECCIÓN 5 *HORA DE INICIO* :			

OTRA INFORMACIÓN

Los
ESCUELA EN CASA
Profesor planificador

JUEVES	VIERNES	NOTAS
TEMA	TEMA	
FIN DE SEMANA		

Los
ESCUELA EN CASA
Profesor planificador

X = AUSENTE
/ = MEDIO DÍA
F = DÍA COMPLETO

ASISTENCIA

MES

DIAS													
1													
2													
3													
4													
5													
6													
7													
8													
9													
10													
11													
12													
13													
14													
15													
16													
17													
18													
19													
20													
21													
22													
23													
24													
25													
26													
27													
28													
29													
30													
31													
CANTIDAD													

DÍAS PRESENTES =

DÍAS AUSENTES =

FECHAS IMPORTANTES

Registrar las fechas de año de importación

MES:

MES:

MES:

FECHAS IMPORTANTES

Registrar las fechas de año de importación

MES:

MES:

MES:

FECHAS IMPORTANTES

Registrar las fechas de año de importación

MES:

MES:

MES:

FECHAS IMPORTANTES

Registrar las fechas de año de importación

MES:

MES:

MES:

notas.

Los
ESCUELA EN CASA
Profesor planificador

RECURSOS IMPORTANTES DEL SITIO WEB

NOMBRE	Dirección web

Otros libros o recursos

FECHA / /

Los
ESCUELA EN CASA
Profesor planificador

LECCIÓN 1 TEMA _____	Información de la lección / Tarea de asignación
	Completa
LECCIÓN 2 TEMA _____	Información de la lección / Tarea de asignación
	Completa
LECCIÓN 3 TEMA _____	Información de la lección / Tarea de asignación
	Completa
LECCIÓN 4 TEMA _____	Información de la lección / Tarea de asignación
	Completa
LECCIÓN 5 TEMA _____	Información de la lección / Tarea de asignación
	Completa

FECHA / /

LECCIÓN 1 TEMA _____	Información de la lección / Tarea de asignación
	Completa
LECCIÓN 2 TEMA _____	Información de la lección / Tarea de asignación
	Completa
LECCIÓN 3 TEMA _____	Información de la lección / Tarea de asignación
	Completa
LECCIÓN 4 TEMA _____	Información de la lección / Tarea de asignación
	Completa
LECCIÓN 5 TEMA _____	Información de la lección / Tarea de asignación
	Completa

FECHA / /

Los
ESCUELA EN CASA
Profesor planificador

LECCIÓN 1 TEMA ___	Información de la lección / Tarea de asignación Completa
LECCIÓN 2 TEMA ___	Información de la lección / Tarea de asignación Completa
LECCIÓN 3 TEMA ___	Información de la lección / Tarea de asignación Completa
LECCIÓN 4 TEMA ___	Información de la lección / Tarea de asignación Completa
LECCIÓN 5 TEMA ___	Información de la lección / Tarea de asignación Completa

FECHA / /

LECCIÓN 1 TEMA ___	Información de la lección / Tarea de asignación Completa
LECCIÓN 2 TEMA ___	Información de la lección / Tarea de asignación Completa
LECCIÓN 3 TEMA ___	Información de la lección / Tarea de asignación Completa
LECCIÓN 4 TEMA ___	Información de la lección / Tarea de asignación Completa
LECCIÓN 5 TEMA ___	Información de la lección / Tarea de asignación Completa

FECHA ___/___/___

Los
ESCUELA EN CASA
Profesor planificador

LECCIÓN 1 TEMA _____	Información de la lección / Tarea de asignación Completa
LECCIÓN 2 TEMA _____	Información de la lección / Tarea de asignación Completa
LECCIÓN 3 TEMA _____	Información de la lección / Tarea de asignación Completa
LECCIÓN 4 TEMA _____	Información de la lección / Tarea de asignación Completa
LECCIÓN 5 TEMA _____	Información de la lección / Tarea de asignación Completa

FECHA ___/___/___

LECCIÓN 1 TEMA _____	Información de la lección / Tarea de asignación Completa
LECCIÓN 2 TEMA _____	Información de la lección / Tarea de asignación Completa
LECCIÓN 3 TEMA _____	Información de la lección / Tarea de asignación Completa
LECCIÓN 4 TEMA _____	Información de la lección / Tarea de asignación Completa
LECCIÓN 5 TEMA _____	Información de la lección / Tarea de asignación Completa

FECHA ___/___/___

Los ESCUELA EN CASA
Profesor planificador

LECCIÓN 1 TEMA _____	Información de la lección / Tarea de asignación Completa
LECCIÓN 2 TEMA _____	Información de la lección / Tarea de asignación Completa
LECCIÓN 3 TEMA _____	Información de la lección / Tarea de asignación Completa
LECCIÓN 4 TEMA _____	Información de la lección / Tarea de asignación Completa
LECCIÓN 5 TEMA _____	Información de la lección / Tarea de asignación Completa

FECHA ___/___/___

LECCIÓN 1 TEMA _____	Información de la lección / Tarea de asignación Completa
LECCIÓN 2 TEMA _____	Información de la lección / Tarea de asignación Completa
LECCIÓN 3 TEMA _____	Información de la lección / Tarea de asignación Completa
LECCIÓN 4 TEMA _____	Información de la lección / Tarea de asignación Completa
LECCIÓN 5 TEMA _____	Información de la lección / Tarea de asignación Completa

FECHA / /

Los ESCUELA EN CASA
Profesor planificador

LECCIÓN 1 TEMA _____	Información de la lección / Tarea de asignación Completa
LECCIÓN 2 TEMA _____	Información de la lección / Tarea de asignación Completa
LECCIÓN 3 TEMA _____	Información de la lección / Tarea de asignación Completa
LECCIÓN 4 TEMA _____	Información de la lección / Tarea de asignación Completa
LECCIÓN 5 TEMA _____	Información de la lección / Tarea de asignación Completa

FECHA / /

LECCIÓN 1 TEMA _____	Información de la lección / Tarea de asignación Completa
LECCIÓN 2 TEMA _____	Información de la lección / Tarea de asignación Completa
LECCIÓN 3 TEMA _____	Información de la lección / Tarea de asignación Completa
LECCIÓN 4 TEMA _____	Información de la lección / Tarea de asignación Completa
LECCIÓN 5 TEMA _____	Información de la lección / Tarea de asignación Completa

FECHA   /   /

Los
ESCUELA EN CASA
Profesor planificador

LECCIÓN 1 TEMA _____	Información de la lección / Tarea de asignación Completa
LECCIÓN 2 TEMA _____	Información de la lección / Tarea de asignación Completa
LECCIÓN 3 TEMA _____	Información de la lección / Tarea de asignación Completa
LECCIÓN 4 TEMA _____	Información de la lección / Tarea de asignación Completa
LECCIÓN 5 TEMA _____	Información de la lección / Tarea de asignación Completa

FECHA   /   /

LECCIÓN 1 TEMA _____	Información de la lección / Tarea de asignación Completa
LECCIÓN 2 TEMA _____	Información de la lección / Tarea de asignación Completa
LECCIÓN 3 TEMA _____	Información de la lección / Tarea de asignación Completa
LECCIÓN 4 TEMA _____	Información de la lección / Tarea de asignación Completa
LECCIÓN 5 TEMA _____	Información de la lección / Tarea de asignación Completa

FECHA / /

Los
ESCUELA EN CASA
Profesor planificador

LECCIÓN 1 TEMA ___	Información de la lección / Tarea de asignación Completa
LECCIÓN 2 TEMA ___	Información de la lección / Tarea de asignación Completa
LECCIÓN 3 TEMA ___	Información de la lección / Tarea de asignación Completa
LECCIÓN 4 TEMA ___	Información de la lección / Tarea de asignación Completa
LECCIÓN 5 TEMA ___	Información de la lección / Tarea de asignación Completa

FECHA / /

LECCIÓN 1 TEMA ___	Información de la lección / Tarea de asignación Completa
LECCIÓN 2 TEMA ___	Información de la lección / Tarea de asignación Completa
LECCIÓN 3 TEMA ___	Información de la lección / Tarea de asignación Completa
LECCIÓN 4 TEMA ___	Información de la lección / Tarea de asignación Completa
LECCIÓN 5 TEMA ___	Información de la lección / Tarea de asignación Completa

FECHA / /

Los
ESCUELA EN CASA
Profesor planificador

LECCIÓN 1 TEMA _____	Información de la lección / Tarea de asignación Completa
LECCIÓN 2 TEMA _____	Información de la lección / Tarea de asignación Completa
LECCIÓN 3 TEMA _____	Información de la lección / Tarea de asignación Completa
LECCIÓN 4 TEMA _____	Información de la lección / Tarea de asignación Completa
LECCIÓN 5 TEMA _____	Información de la lección / Tarea de asignación Completa

FECHA / /

LECCIÓN 1 TEMA _____	Información de la lección / Tarea de asignación Completa
LECCIÓN 2 TEMA _____	Información de la lección / Tarea de asignación Completa
LECCIÓN 3 TEMA _____	Información de la lección / Tarea de asignación Completa
LECCIÓN 4 TEMA _____	Información de la lección / Tarea de asignación Completa
LECCIÓN 5 TEMA _____	Información de la lección / Tarea de asignación Completa

FECHA / /

Los
ESCUELA EN CASA
Profesor planificador

LECCIÓN 1 TEMA _____	Información de la lección / Tarea de asignación Completa
LECCIÓN 2 TEMA _____	Información de la lección / Tarea de asignación Completa
LECCIÓN 3 TEMA _____	Información de la lección / Tarea de asignación Completa
LECCIÓN 4 TEMA _____	Información de la lección / Tarea de asignación Completa
LECCIÓN 5 TEMA _____	Información de la lección / Tarea de asignación Completa

FECHA / /

LECCIÓN 1 TEMA _____	Información de la lección / Tarea de asignación Completa
LECCIÓN 2 TEMA _____	Información de la lección / Tarea de asignación Completa
LECCIÓN 3 TEMA _____	Información de la lección / Tarea de asignación Completa
LECCIÓN 4 TEMA _____	Información de la lección / Tarea de asignación Completa
LECCIÓN 5 TEMA _____	Información de la lección / Tarea de asignación Completa

FECHA / /

Los
ESCUELA EN CASA
Profesor planificador

LECCIÓN 1 TEMA _____	Información de la lección / Tarea de asignación Completa
LECCIÓN 2 TEMA _____	Información de la lección / Tarea de asignación Completa
LECCIÓN 3 TEMA _____	Información de la lección / Tarea de asignación Completa
LECCIÓN 4 TEMA _____	Información de la lección / Tarea de asignación Completa
LECCIÓN 5 TEMA _____	Información de la lección / Tarea de asignación Completa

FECHA / /

LECCIÓN 1 TEMA _____	Información de la lección / Tarea de asignación Completa
LECCIÓN 2 TEMA _____	Información de la lección / Tarea de asignación Completa
LECCIÓN 3 TEMA _____	Información de la lección / Tarea de asignación Completa
LECCIÓN 4 TEMA _____	Información de la lección / Tarea de asignación Completa
LECCIÓN 5 TEMA _____	Información de la lección / Tarea de asignación Completa

FECHA / /

Los
ESCUELA EN CASA
Profesor planificador

LECCIÓN 1 TEMA _____	Información de la lección / Tarea de asignación Completa
LECCIÓN 2 TEMA _____	Información de la lección / Tarea de asignación Completa
LECCIÓN 3 TEMA _____	Información de la lección / Tarea de asignación Completa
LECCIÓN 4 TEMA _____	Información de la lección / Tarea de asignación Completa
LECCIÓN 5 TEMA _____	Información de la lección / Tarea de asignación Completa

FECHA / /

LECCIÓN 1 TEMA _____	Información de la lección / Tarea de asignación Completa
LECCIÓN 2 TEMA _____	Información de la lección / Tarea de asignación Completa
LECCIÓN 3 TEMA _____	Información de la lección / Tarea de asignación Completa
LECCIÓN 4 TEMA _____	Información de la lección / Tarea de asignación Completa
LECCIÓN 5 TEMA _____	Información de la lección / Tarea de asignación Completa

FECHA ___/___/___

Los
ESCUELA EN CASA
Profesor planificador

LECCIÓN 1 TEMA _____	Información de la lección / Tarea de asignación Completa
LECCIÓN 2 TEMA _____	Información de la lección / Tarea de asignación Completa
LECCIÓN 3 TEMA _____	Información de la lección / Tarea de asignación Completa
LECCIÓN 4 TEMA _____	Información de la lección / Tarea de asignación Completa
LECCIÓN 5 TEMA _____	Información de la lección / Tarea de asignación Completa

FECHA ___/___/___

LECCIÓN 1 TEMA _____	Información de la lección / Tarea de asignación Completa
LECCIÓN 2 TEMA _____	Información de la lección / Tarea de asignación Completa
LECCIÓN 3 TEMA _____	Información de la lección / Tarea de asignación Completa
LECCIÓN 4 TEMA _____	Información de la lección / Tarea de asignación Completa
LECCIÓN 5 TEMA _____	Información de la lección / Tarea de asignación Completa

FECHA / /

**Los ESCUELA EN CASA
Profesor planificador**

LECCIÓN 1 TEMA _____	Información de la lección / Tarea de asignación Completa
LECCIÓN 2 TEMA _____	Información de la lección / Tarea de asignación Completa
LECCIÓN 3 TEMA _____	Información de la lección / Tarea de asignación Completa
LECCIÓN 4 TEMA _____	Información de la lección / Tarea de asignación Completa
LECCIÓN 5 TEMA _____	Información de la lección / Tarea de asignación Completa

FECHA / /

LECCIÓN 1 TEMA _____	Información de la lección / Tarea de asignación Completa
LECCIÓN 2 TEMA _____	Información de la lección / Tarea de asignación Completa
LECCIÓN 3 TEMA _____	Información de la lección / Tarea de asignación Completa
LECCIÓN 4 TEMA _____	Información de la lección / Tarea de asignación Completa
LECCIÓN 5 TEMA _____	Información de la lección / Tarea de asignación Completa

FECHA   /   /

Los
ESCUELA EN CASA
Profesor planificador

LECCIÓN 1 TEMA _____	Información de la lección / Tarea de asignación Completa
LECCIÓN 2 TEMA _____	Información de la lección / Tarea de asignación Completa
LECCIÓN 3 TEMA _____	Información de la lección / Tarea de asignación Completa
LECCIÓN 4 TEMA _____	Información de la lección / Tarea de asignación Completa
LECCIÓN 5 TEMA _____	Información de la lección / Tarea de asignación Completa

FECHA   /   /

LECCIÓN 1 TEMA _____	Información de la lección / Tarea de asignación Completa
LECCIÓN 2 TEMA _____	Información de la lección / Tarea de asignación Completa
LECCIÓN 3 TEMA _____	Información de la lección / Tarea de asignación Completa
LECCIÓN 4 TEMA _____	Información de la lección / Tarea de asignación Completa
LECCIÓN 5 TEMA _____	Información de la lección / Tarea de asignación Completa

FECHA ___/___/___

Los
ESCUELA EN CASA
Profesor planificador

LECCIÓN 1 TEMA _____	Información de la lección / Tarea de asignación Completa
LECCIÓN 2 TEMA _____	Información de la lección / Tarea de asignación Completa
LECCIÓN 3 TEMA _____	Información de la lección / Tarea de asignación Completa
LECCIÓN 4 TEMA _____	Información de la lección / Tarea de asignación Completa
LECCIÓN 5 TEMA _____	Información de la lección / Tarea de asignación Completa

FECHA ___/___/___

LECCIÓN 1 TEMA _____	Información de la lección / Tarea de asignación Completa
LECCIÓN 2 TEMA _____	Información de la lección / Tarea de asignación Completa
LECCIÓN 3 TEMA _____	Información de la lección / Tarea de asignación Completa
LECCIÓN 4 TEMA _____	Información de la lección / Tarea de asignación Completa
LECCIÓN 5 TEMA _____	Información de la lección / Tarea de asignación Completa

FECHA / /

Los ESCUELA EN CASA
Profesor planificador

LECCIÓN 1 TEMA _____	Información de la lección / Tarea de asignación Completa
LECCIÓN 2 TEMA _____	Información de la lección / Tarea de asignación Completa
LECCIÓN 3 TEMA _____	Información de la lección / Tarea de asignación Completa
LECCIÓN 4 TEMA _____	Información de la lección / Tarea de asignación Completa
LECCIÓN 5 TEMA _____	Información de la lección / Tarea de asignación Completa

FECHA / /

LECCIÓN 1 TEMA _____	Información de la lección / Tarea de asignación Completa
LECCIÓN 2 TEMA _____	Información de la lección / Tarea de asignación Completa
LECCIÓN 3 TEMA _____	Información de la lección / Tarea de asignación Completa
LECCIÓN 4 TEMA _____	Información de la lección / Tarea de asignación Completa
LECCIÓN 5 TEMA _____	Información de la lección / Tarea de asignación Completa

FECHA ___/___/___

Los
ESCUELA EN CASA
Profesor planificador

LECCIÓN 1 TEMA _____	Información de la lección / Tarea de asignación Completa
LECCIÓN 2 TEMA _____	Información de la lección / Tarea de asignación Completa
LECCIÓN 3 TEMA _____	Información de la lección / Tarea de asignación Completa
LECCIÓN 4 TEMA _____	Información de la lección / Tarea de asignación Completa
LECCIÓN 5 TEMA _____	Información de la lección / Tarea de asignación Completa

FECHA ___/___/___

LECCIÓN 1 TEMA _____	Información de la lección / Tarea de asignación Completa
LECCIÓN 2 TEMA _____	Información de la lección / Tarea de asignación Completa
LECCIÓN 3 TEMA _____	Información de la lección / Tarea de asignación Completa
LECCIÓN 4 TEMA _____	Información de la lección / Tarea de asignación Completa
LECCIÓN 5 TEMA _____	Información de la lección / Tarea de asignación Completa

FECHA / /

Los
ESCUELA EN CASA
Profesor planificador

LECCIÓN 1 TEMA _____	Información de la lección / Tarea de asignación Completa
LECCIÓN 2 TEMA _____	Información de la lección / Tarea de asignación Completa
LECCIÓN 3 TEMA _____	Información de la lección / Tarea de asignación Completa
LECCIÓN 4 TEMA _____	Información de la lección / Tarea de asignación Completa
LECCIÓN 5 TEMA _____	Información de la lección / Tarea de asignación Completa

FECHA / /

LECCIÓN 1 TEMA _____	Información de la lección / Tarea de asignación Completa
LECCIÓN 2 TEMA _____	Información de la lección / Tarea de asignación Completa
LECCIÓN 3 TEMA _____	Información de la lección / Tarea de asignación Completa
LECCIÓN 4 TEMA _____	Información de la lección / Tarea de asignación Completa
LECCIÓN 5 TEMA _____	Información de la lección / Tarea de asignación Completa

Los
ESCUELA EN CASA
Profesor planificador

FECHA ___ / ___ / ___

LECCIÓN 1 TEMA _____	Información de la lección / Tarea de asignación Completa
LECCIÓN 2 TEMA _____	Información de la lección / Tarea de asignación Completa
LECCIÓN 3 TEMA _____	Información de la lección / Tarea de asignación Completa
LECCIÓN 4 TEMA _____	Información de la lección / Tarea de asignación Completa
LECCIÓN 5 TEMA _____	Información de la lección / Tarea de asignación Completa

FECHA ___ / ___ / ___

LECCIÓN 1 TEMA _____	Información de la lección / Tarea de asignación Completa
LECCIÓN 2 TEMA _____	Información de la lección / Tarea de asignación Completa
LECCIÓN 3 TEMA _____	Información de la lección / Tarea de asignación Completa
LECCIÓN 4 TEMA _____	Información de la lección / Tarea de asignación Completa
LECCIÓN 5 TEMA _____	Información de la lección / Tarea de asignación Completa

FECHA / /

Los
ESCUELA EN CASA
Profesor planificador

LECCIÓN 1 TEMA ___	Información de la lección / Tarea de asignación Completa
LECCIÓN 2 TEMA ___	Información de la lección / Tarea de asignación Completa
LECCIÓN 3 TEMA ___	Información de la lección / Tarea de asignación Completa
LECCIÓN 4 TEMA ___	Información de la lección / Tarea de asignación Completa
LECCIÓN 5 TEMA ___	Información de la lección / Tarea de asignación Completa

FECHA / /

LECCIÓN 1 TEMA ___	Información de la lección / Tarea de asignación Completa
LECCIÓN 2 TEMA ___	Información de la lección / Tarea de asignación Completa
LECCIÓN 3 TEMA ___	Información de la lección / Tarea de asignación Completa
LECCIÓN 4 TEMA ___	Información de la lección / Tarea de asignación Completa
LECCIÓN 5 TEMA ___	Información de la lección / Tarea de asignación Completa

FECHA ___/___/___

Los
ESCUELA EN CASA
Profesor planificador

LECCIÓN 1 TEMA _____	Información de la lección / Tarea de asignación Completa
LECCIÓN 2 TEMA _____	Información de la lección / Tarea de asignación Completa
LECCIÓN 3 TEMA _____	Información de la lección / Tarea de asignación Completa
LECCIÓN 4 TEMA _____	Información de la lección / Tarea de asignación Completa
LECCIÓN 5 TEMA _____	Información de la lección / Tarea de asignación Completa

FECHA ___/___/___

LECCIÓN 1 TEMA _____	Información de la lección / Tarea de asignación Completa
LECCIÓN 2 TEMA _____	Información de la lección / Tarea de asignación Completa
LECCIÓN 3 TEMA _____	Información de la lección / Tarea de asignación Completa
LECCIÓN 4 TEMA _____	Información de la lección / Tarea de asignación Completa
LECCIÓN 5 TEMA _____	Información de la lección / Tarea de asignación Completa

FECHA ___/___/___

Los
ESCUELA EN CASA
Profesor planificador

LECCIÓN 1 TEMA _____	Información de la lección / Tarea de asignación Completa
LECCIÓN 2 TEMA _____	Información de la lección / Tarea de asignación Completa
LECCIÓN 3 TEMA _____	Información de la lección / Tarea de asignación Completa
LECCIÓN 4 TEMA _____	Información de la lección / Tarea de asignación Completa
LECCIÓN 5 TEMA _____	Información de la lección / Tarea de asignación Completa

FECHA ___/___/___

LECCIÓN 1 TEMA _____	Información de la lección / Tarea de asignación Completa
LECCIÓN 2 TEMA _____	Información de la lección / Tarea de asignación Completa
LECCIÓN 3 TEMA _____	Información de la lección / Tarea de asignación Completa
LECCIÓN 4 TEMA _____	Información de la lección / Tarea de asignación Completa
LECCIÓN 5 TEMA _____	Información de la lección / Tarea de asignación Completa

FECHA / /

Los ESCUELA EN CASA
Profesor planificador

LECCIÓN 1 TEMA _____	Información de la lección / Tarea de asignación
	Completa
LECCIÓN 2 TEMA _____	Información de la lección / Tarea de asignación
	Completa
LECCIÓN 3 TEMA _____	Información de la lección / Tarea de asignación
	Completa
LECCIÓN 4 TEMA _____	Información de la lección / Tarea de asignación
	Completa
LECCIÓN 5 TEMA _____	Información de la lección / Tarea de asignación
	Completa

FECHA / /

LECCIÓN 1 TEMA _____	Información de la lección / Tarea de asignación
	Completa
LECCIÓN 2 TEMA _____	Información de la lección / Tarea de asignación
	Completa
LECCIÓN 3 TEMA _____	Información de la lección / Tarea de asignación
	Completa
LECCIÓN 4 TEMA _____	Información de la lección / Tarea de asignación
	Completa
LECCIÓN 5 TEMA _____	Información de la lección / Tarea de asignación
	Completa

FECHA ___/___/___

Los
ESCUELA EN CASA
Profesor planificador

LECCIÓN 1 TEMA _____	Información de la lección / Tarea de asignación Completa
LECCIÓN 2 TEMA _____	Información de la lección / Tarea de asignación Completa
LECCIÓN 3 TEMA _____	Información de la lección / Tarea de asignación Completa
LECCIÓN 4 TEMA _____	Información de la lección / Tarea de asignación Completa
LECCIÓN 5 TEMA _____	Información de la lección / Tarea de asignación Completa

FECHA ___/___/___

LECCIÓN 1 TEMA _____	Información de la lección / Tarea de asignación Completa
LECCIÓN 2 TEMA _____	Información de la lección / Tarea de asignación Completa
LECCIÓN 3 TEMA _____	Información de la lección / Tarea de asignación Completa
LECCIÓN 4 TEMA _____	Información de la lección / Tarea de asignación Completa
LECCIÓN 5 TEMA _____	Información de la lección / Tarea de asignación Completa

FECHA / /

Los
ESCUELA EN CASA
Profesor planificador

LECCIÓN 1 TEMA _____	Información de la lección / Tarea de asignación
	Completa
LECCIÓN 2 TEMA _____	Información de la lección / Tarea de asignación
	Completa
LECCIÓN 3 TEMA _____	Información de la lección / Tarea de asignación
	Completa
LECCIÓN 4 TEMA _____	Información de la lección / Tarea de asignación
	Completa
LECCIÓN 5 TEMA _____	Información de la lección / Tarea de asignación
	Completa

FECHA / /

LECCIÓN 1 TEMA _____	Información de la lección / Tarea de asignación
	Completa
LECCIÓN 2 TEMA _____	Información de la lección / Tarea de asignación
	Completa
LECCIÓN 3 TEMA _____	Información de la lección / Tarea de asignación
	Completa
LECCIÓN 4 TEMA _____	Información de la lección / Tarea de asignación
	Completa
LECCIÓN 5 TEMA _____	Información de la lección / Tarea de asignación
	Completa

FECHA   /   /

Los
ESCUELA EN CASA
Profesor planificador

LECCIÓN 1 TEMA _____	Información de la lección / Tarea de asignación
	Completa
LECCIÓN 2 TEMA _____	Información de la lección / Tarea de asignación
	Completa
LECCIÓN 3 TEMA _____	Información de la lección / Tarea de asignación
	Completa
LECCIÓN 4 TEMA _____	Información de la lección / Tarea de asignación
	Completa
LECCIÓN 5 TEMA _____	Información de la lección / Tarea de asignación
	Completa

FECHA   /   /

LECCIÓN 1 TEMA _____	Información de la lección / Tarea de asignación
	Completa
LECCIÓN 2 TEMA _____	Información de la lección / Tarea de asignación
	Completa
LECCIÓN 3 TEMA _____	Información de la lección / Tarea de asignación
	Completa
LECCIÓN 4 TEMA _____	Información de la lección / Tarea de asignación
	Completa
LECCIÓN 5 TEMA _____	Información de la lección / Tarea de asignación
	Completa

FECHA   /   /

Los
ESCUELA EN CASA
Profesor planificador

LECCIÓN 1 TEMA _____	Información de la lección / Tarea de asignación Completa
LECCIÓN 2 TEMA _____	Información de la lección / Tarea de asignación Completa
LECCIÓN 3 TEMA _____	Información de la lección / Tarea de asignación Completa
LECCIÓN 4 TEMA _____	Información de la lección / Tarea de asignación Completa
LECCIÓN 5 TEMA _____	Información de la lección / Tarea de asignación Completa

FECHA   /   /

LECCIÓN 1 TEMA _____	Información de la lección / Tarea de asignación Completa
LECCIÓN 2 TEMA _____	Información de la lección / Tarea de asignación Completa
LECCIÓN 3 TEMA _____	Información de la lección / Tarea de asignación Completa
LECCIÓN 4 TEMA _____	Información de la lección / Tarea de asignación Completa
LECCIÓN 5 TEMA _____	Información de la lección / Tarea de asignación Completa

FECHA ___ / ___ / ___

Los
ESCUELA EN CASA
Profesor planificador

LECCIÓN 1 TEMA _____	Información de la lección / Tarea de asignación Completa
LECCIÓN 2 TEMA _____	Información de la lección / Tarea de asignación Completa
LECCIÓN 3 TEMA _____	Información de la lección / Tarea de asignación Completa
LECCIÓN 4 TEMA _____	Información de la lección / Tarea de asignación Completa
LECCIÓN 5 TEMA _____	Información de la lección / Tarea de asignación Completa

FECHA ___ / ___ / ___

LECCIÓN 1 TEMA _____	Información de la lección / Tarea de asignación Completa
LECCIÓN 2 TEMA _____	Información de la lección / Tarea de asignación Completa
LECCIÓN 3 TEMA _____	Información de la lección / Tarea de asignación Completa
LECCIÓN 4 TEMA _____	Información de la lección / Tarea de asignación Completa
LECCIÓN 5 TEMA _____	Información de la lección / Tarea de asignación Completa

Los
ESCUELA EN CASA
Profesor planificador

FECHA / /

LECCIÓN 1 TEMA _____	Información de la lección / Tarea de asignación Completa
LECCIÓN 2 TEMA _____	Información de la lección / Tarea de asignación Completa
LECCIÓN 3 TEMA _____	Información de la lección / Tarea de asignación Completa
LECCIÓN 4 TEMA _____	Información de la lección / Tarea de asignación Completa
LECCIÓN 5 TEMA _____	Información de la lección / Tarea de asignación Completa

FECHA / /

LECCIÓN 1 TEMA _____	Información de la lección / Tarea de asignación Completa
LECCIÓN 2 TEMA _____	Información de la lección / Tarea de asignación Completa
LECCIÓN 3 TEMA _____	Información de la lección / Tarea de asignación Completa
LECCIÓN 4 TEMA _____	Información de la lección / Tarea de asignación Completa
LECCIÓN 5 TEMA _____	Información de la lección / Tarea de asignación Completa

FECHA ___/___/___

Los
ESCUELA EN CASA
Profesor planificador

LECCIÓN 1 TEMA _____	Información de la lección / Tarea de asignación Completa
LECCIÓN 2 TEMA _____	Información de la lección / Tarea de asignación Completa
LECCIÓN 3 TEMA _____	Información de la lección / Tarea de asignación Completa
LECCIÓN 4 TEMA _____	Información de la lección / Tarea de asignación Completa
LECCIÓN 5 TEMA _____	Información de la lección / Tarea de asignación Completa

FECHA ___/___/___

LECCIÓN 1 TEMA _____	Información de la lección / Tarea de asignación Completa
LECCIÓN 2 TEMA _____	Información de la lección / Tarea de asignación Completa
LECCIÓN 3 TEMA _____	Información de la lección / Tarea de asignación Completa
LECCIÓN 4 TEMA _____	Información de la lección / Tarea de asignación Completa
LECCIÓN 5 TEMA _____	Información de la lección / Tarea de asignación Completa

FECHA / /

Los
ESCUELA EN CASA
Profesor planificador

LECCIÓN 1 TEMA _____	Información de la lección / Tarea de asignación Completa
LECCIÓN 2 TEMA _____	Información de la lección / Tarea de asignación Completa
LECCIÓN 3 TEMA _____	Información de la lección / Tarea de asignación Completa
LECCIÓN 4 TEMA _____	Información de la lección / Tarea de asignación Completa
LECCIÓN 5 TEMA _____	Información de la lección / Tarea de asignación Completa

FECHA / /

LECCIÓN 1 TEMA _____	Información de la lección / Tarea de asignación Completa
LECCIÓN 2 TEMA _____	Información de la lección / Tarea de asignación Completa
LECCIÓN 3 TEMA _____	Información de la lección / Tarea de asignación Completa
LECCIÓN 4 TEMA _____	Información de la lección / Tarea de asignación Completa
LECCIÓN 5 TEMA _____	Información de la lección / Tarea de asignación Completa

FECHA ___ / ___ / ___

Los
ESCUELA EN CASA
Profesor planificador

LECCIÓN 1 TEMA _____	Información de la lección / Tarea de asignación Completa
LECCIÓN 2 TEMA _____	Información de la lección / Tarea de asignación Completa
LECCIÓN 3 TEMA _____	Información de la lección / Tarea de asignación Completa
LECCIÓN 4 TEMA _____	Información de la lección / Tarea de asignación Completa
LECCIÓN 5 TEMA _____	Información de la lección / Tarea de asignación Completa

FECHA ___ / ___ / ___

LECCIÓN 1 TEMA _____	Información de la lección / Tarea de asignación Completa
LECCIÓN 2 TEMA _____	Información de la lección / Tarea de asignación Completa
LECCIÓN 3 TEMA _____	Información de la lección / Tarea de asignación Completa
LECCIÓN 4 TEMA _____	Información de la lección / Tarea de asignación Completa
LECCIÓN 5 TEMA _____	Información de la lección / Tarea de asignación Completa

FECHA ___/___/___

Los
ESCUELA EN CASA
Profesor planificador

LECCIÓN 1 TEMA _____	Información de la lección / Tarea de asignación Completa
LECCIÓN 2 TEMA _____	Información de la lección / Tarea de asignación Completa
LECCIÓN 3 TEMA _____	Información de la lección / Tarea de asignación Completa
LECCIÓN 4 TEMA _____	Información de la lección / Tarea de asignación Completa
LECCIÓN 5 TEMA _____	Información de la lección / Tarea de asignación Completa

FECHA ___/___/___

LECCIÓN 1 TEMA _____	Información de la lección / Tarea de asignación Completa
LECCIÓN 2 TEMA _____	Información de la lección / Tarea de asignación Completa
LECCIÓN 3 TEMA _____	Información de la lección / Tarea de asignación Completa
LECCIÓN 4 TEMA _____	Información de la lección / Tarea de asignación Completa
LECCIÓN 5 TEMA _____	Información de la lección / Tarea de asignación Completa

FECHA ___/___/___

Los
ESCUELA EN CASA
Profesor planificador

LECCIÓN 1 TEMA _____	Información de la lección / Tarea de asignación Completa
LECCIÓN 2 TEMA _____	Información de la lección / Tarea de asignación Completa
LECCIÓN 3 TEMA _____	Información de la lección / Tarea de asignación Completa
LECCIÓN 4 TEMA _____	Información de la lección / Tarea de asignación Completa
LECCIÓN 5 TEMA _____	Información de la lección / Tarea de asignación Completa

FECHA ___/___/___

LECCIÓN 1 TEMA _____	Información de la lección / Tarea de asignación Completa
LECCIÓN 2 TEMA _____	Información de la lección / Tarea de asignación Completa
LECCIÓN 3 TEMA _____	Información de la lección / Tarea de asignación Completa
LECCIÓN 4 TEMA _____	Información de la lección / Tarea de asignación Completa
LECCIÓN 5 TEMA _____	Información de la lección / Tarea de asignación Completa

FECHA ___ / ___ / ___

Los
ESCUELA EN CASA
Profesor planificador

LECCIÓN 1 TEMA _____	Información de la lección / Tarea de asignación Completa
LECCIÓN 2 TEMA _____	Información de la lección / Tarea de asignación Completa
LECCIÓN 3 TEMA _____	Información de la lección / Tarea de asignación Completa
LECCIÓN 4 TEMA _____	Información de la lección / Tarea de asignación Completa
LECCIÓN 5 TEMA _____	Información de la lección / Tarea de asignación Completa

FECHA ___ / ___ / ___

LECCIÓN 1 TEMA _____	Información de la lección / Tarea de asignación Completa
LECCIÓN 2 TEMA _____	Información de la lección / Tarea de asignación Completa
LECCIÓN 3 TEMA _____	Información de la lección / Tarea de asignación Completa
LECCIÓN 4 TEMA _____	Información de la lección / Tarea de asignación Completa
LECCIÓN 5 TEMA _____	Información de la lección / Tarea de asignación Completa

FECHA / /

Los
ESCUELA EN CASA
Profesor planificador

LECCIÓN 1 TEMA _____	Información de la lección / Tarea de asignación Completa
LECCIÓN 2 TEMA _____	Información de la lección / Tarea de asignación Completa
LECCIÓN 3 TEMA _____	Información de la lección / Tarea de asignación Completa
LECCIÓN 4 TEMA _____	Información de la lección / Tarea de asignación Completa
LECCIÓN 5 TEMA _____	Información de la lección / Tarea de asignación Completa

FECHA / /

LECCIÓN 1 TEMA _____	Información de la lección / Tarea de asignación Completa
LECCIÓN 2 TEMA _____	Información de la lección / Tarea de asignación Completa
LECCIÓN 3 TEMA _____	Información de la lección / Tarea de asignación Completa
LECCIÓN 4 TEMA _____	Información de la lección / Tarea de asignación Completa
LECCIÓN 5 TEMA _____	Información de la lección / Tarea de asignación Completa

FECHA / /

Los
ESCUELA EN CASA
Profesor planificador

LECCIÓN 1 TEMA ————	Información de la lección / Tarea de asignación Completa
LECCIÓN 2 TEMA ————	Información de la lección / Tarea de asignación Completa
LECCIÓN 3 TEMA ————	Información de la lección / Tarea de asignación Completa
LECCIÓN 4 TEMA ————	Información de la lección / Tarea de asignación Completa
LECCIÓN 5 TEMA ————	Información de la lección / Tarea de asignación Completa

FECHA / /

LECCIÓN 1 TEMA ————	Información de la lección / Tarea de asignación Completa
LECCIÓN 2 TEMA ————	Información de la lección / Tarea de asignación Completa
LECCIÓN 3 TEMA ————	Información de la lección / Tarea de asignación Completa
LECCIÓN 4 TEMA ————	Información de la lección / Tarea de asignación Completa
LECCIÓN 5 TEMA ————	Información de la lección / Tarea de asignación Completa

FECHA ___ / ___ / ___

Los
ESCUELA EN CASA
Profesor planificador

LECCIÓN 1 TEMA _____	Información de la lección / Tarea de asignación Completa
LECCIÓN 2 TEMA _____	Información de la lección / Tarea de asignación Completa
LECCIÓN 3 TEMA _____	Información de la lección / Tarea de asignación Completa
LECCIÓN 4 TEMA _____	Información de la lección / Tarea de asignación Completa
LECCIÓN 5 TEMA _____	Información de la lección / Tarea de asignación Completa

FECHA ___ / ___ / ___

LECCIÓN 1 TEMA _____	Información de la lección / Tarea de asignación Completa
LECCIÓN 2 TEMA _____	Información de la lección / Tarea de asignación Completa
LECCIÓN 3 TEMA _____	Información de la lección / Tarea de asignación Completa
LECCIÓN 4 TEMA _____	Información de la lección / Tarea de asignación Completa
LECCIÓN 5 TEMA _____	Información de la lección / Tarea de asignación Completa

FECHA ___ / ___ / ___

Los
ESCUELA EN CASA
Profesor planificador

LECCIÓN 1 TEMA _____	Información de la lección / Tarea de asignación Completa
LECCIÓN 2 TEMA _____	Información de la lección / Tarea de asignación Completa
LECCIÓN 3 TEMA _____	Información de la lección / Tarea de asignación Completa
LECCIÓN 4 TEMA _____	Información de la lección / Tarea de asignación Completa
LECCIÓN 5 TEMA _____	Información de la lección / Tarea de asignación Completa

FECHA ___ / ___ / ___

LECCIÓN 1 TEMA _____	Información de la lección / Tarea de asignación Completa
LECCIÓN 2 TEMA _____	Información de la lección / Tarea de asignación Completa
LECCIÓN 3 TEMA _____	Información de la lección / Tarea de asignación Completa
LECCIÓN 4 TEMA _____	Información de la lección / Tarea de asignación Completa
LECCIÓN 5 TEMA _____	Información de la lección / Tarea de asignación Completa

FECHA / /

Los
ESCUELA EN CASA
Profesor planificador

LECCIÓN 1 TEMA _____	Información de la lección / Tarea de asignación Completa
LECCIÓN 2 TEMA _____	Información de la lección / Tarea de asignación Completa
LECCIÓN 3 TEMA _____	Información de la lección / Tarea de asignación Completa
LECCIÓN 4 TEMA _____	Información de la lección / Tarea de asignación Completa
LECCIÓN 5 TEMA _____	Información de la lección / Tarea de asignación Completa

FECHA / /

LECCIÓN 1 TEMA _____	Información de la lección / Tarea de asignación Completa
LECCIÓN 2 TEMA _____	Información de la lección / Tarea de asignación Completa
LECCIÓN 3 TEMA _____	Información de la lección / Tarea de asignación Completa
LECCIÓN 4 TEMA _____	Información de la lección / Tarea de asignación Completa
LECCIÓN 5 TEMA _____	Información de la lección / Tarea de asignación Completa

FECHA   /   /

Los
ESCUELA EN CASA
Profesor planificador

LECCIÓN 1 TEMA _____	Información de la lección / Tarea de asignación Completa
LECCIÓN 2 TEMA _____	Información de la lección / Tarea de asignación Completa
LECCIÓN 3 TEMA _____	Información de la lección / Tarea de asignación Completa
LECCIÓN 4 TEMA _____	Información de la lección / Tarea de asignación Completa
LECCIÓN 5 TEMA _____	Información de la lección / Tarea de asignación Completa

FECHA   /   /

LECCIÓN 1 TEMA _____	Información de la lección / Tarea de asignación Completa
LECCIÓN 2 TEMA _____	Información de la lección / Tarea de asignación Completa
LECCIÓN 3 TEMA _____	Información de la lección / Tarea de asignación Completa
LECCIÓN 4 TEMA _____	Información de la lección / Tarea de asignación Completa
LECCIÓN 5 TEMA _____	Información de la lección / Tarea de asignación Completa

FECHA / /

Los ESCUELA EN CASA
Profesor planificador

LECCIÓN 1 TEMA _____	Información de la lección / Tarea de asignación Completa
LECCIÓN 2 TEMA _____	Información de la lección / Tarea de asignación Completa
LECCIÓN 3 TEMA _____	Información de la lección / Tarea de asignación Completa
LECCIÓN 4 TEMA _____	Información de la lección / Tarea de asignación Completa
LECCIÓN 5 TEMA _____	Información de la lección / Tarea de asignación Completa

FECHA / /

LECCIÓN 1 TEMA _____	Información de la lección / Tarea de asignación Completa
LECCIÓN 2 TEMA _____	Información de la lección / Tarea de asignación Completa
LECCIÓN 3 TEMA _____	Información de la lección / Tarea de asignación Completa
LECCIÓN 4 TEMA _____	Información de la lección / Tarea de asignación Completa
LECCIÓN 5 TEMA _____	Información de la lección / Tarea de asignación Completa

FECHA / /

Los
ESCUELA EN CASA
Profesor planificador

LECCIÓN 1 TEMA _____	Información de la lección / Tarea de asignación Completa
LECCIÓN 2 TEMA _____	Información de la lección / Tarea de asignación Completa
LECCIÓN 3 TEMA _____	Información de la lección / Tarea de asignación Completa
LECCIÓN 4 TEMA _____	Información de la lección / Tarea de asignación Completa
LECCIÓN 5 TEMA _____	Información de la lección / Tarea de asignación Completa

FECHA / /

LECCIÓN 1 TEMA _____	Información de la lección / Tarea de asignación Completa
LECCIÓN 2 TEMA _____	Información de la lección / Tarea de asignación Completa
LECCIÓN 3 TEMA _____	Información de la lección / Tarea de asignación Completa
LECCIÓN 4 TEMA _____	Información de la lección / Tarea de asignación Completa
LECCIÓN 5 TEMA _____	Información de la lección / Tarea de asignación Completa

FECHA ___/___/___

Los ESCUELA EN CASA
Profesor planificador

LECCIÓN 1 TEMA _____	Información de la lección / Tarea de asignación Completa
LECCIÓN 2 TEMA _____	Información de la lección / Tarea de asignación Completa
LECCIÓN 3 TEMA _____	Información de la lección / Tarea de asignación Completa
LECCIÓN 4 TEMA _____	Información de la lección / Tarea de asignación Completa
LECCIÓN 5 TEMA _____	Información de la lección / Tarea de asignación Completa

FECHA ___/___/___

LECCIÓN 1 TEMA _____	Información de la lección / Tarea de asignación Completa
LECCIÓN 2 TEMA _____	Información de la lección / Tarea de asignación Completa
LECCIÓN 3 TEMA _____	Información de la lección / Tarea de asignación Completa
LECCIÓN 4 TEMA _____	Información de la lección / Tarea de asignación Completa
LECCIÓN 5 TEMA _____	Información de la lección / Tarea de asignación Completa

FECHA / /

Los
ESCUELA EN CASA
Profesor planificador

LECCIÓN 1 TEMA _____	Información de la lección / Tarea de asignación Completa
LECCIÓN 2 TEMA _____	Información de la lección / Tarea de asignación Completa
LECCIÓN 3 TEMA _____	Información de la lección / Tarea de asignación Completa
LECCIÓN 4 TEMA _____	Información de la lección / Tarea de asignación Completa
LECCIÓN 5 TEMA _____	Información de la lección / Tarea de asignación Completa

FECHA / /

LECCIÓN 1 TEMA _____	Información de la lección / Tarea de asignación Completa
LECCIÓN 2 TEMA _____	Información de la lección / Tarea de asignación Completa
LECCIÓN 3 TEMA _____	Información de la lección / Tarea de asignación Completa
LECCIÓN 4 TEMA _____	Información de la lección / Tarea de asignación Completa
LECCIÓN 5 TEMA _____	Información de la lección / Tarea de asignación Completa

FECHA / /

Los
ESCUELA EN CASA
Profesor planificador

LECCIÓN 1 TEMA _____	Información de la lección / Tarea de asignación Completa
LECCIÓN 2 TEMA _____	Información de la lección / Tarea de asignación Completa
LECCIÓN 3 TEMA _____	Información de la lección / Tarea de asignación Completa
LECCIÓN 4 TEMA _____	Información de la lección / Tarea de asignación Completa
LECCIÓN 5 TEMA _____	Información de la lección / Tarea de asignación Completa

FECHA / /

LECCIÓN 1 TEMA _____	Información de la lección / Tarea de asignación Completa
LECCIÓN 2 TEMA _____	Información de la lección / Tarea de asignación Completa
LECCIÓN 3 TEMA _____	Información de la lección / Tarea de asignación Completa
LECCIÓN 4 TEMA _____	Información de la lección / Tarea de asignación Completa
LECCIÓN 5 TEMA _____	Información de la lección / Tarea de asignación Completa

FECHA ___/___/___

Los
ESCUELA EN CASA
Profesor planificador

LECCIÓN 1 TEMA _____	Información de la lección / Tarea de asignación Completa
LECCIÓN 2 TEMA _____	Información de la lección / Tarea de asignación Completa
LECCIÓN 3 TEMA _____	Información de la lección / Tarea de asignación Completa
LECCIÓN 4 TEMA _____	Información de la lección / Tarea de asignación Completa
LECCIÓN 5 TEMA _____	Información de la lección / Tarea de asignación Completa

FECHA ___/___/___

LECCIÓN 1 TEMA _____	Información de la lección / Tarea de asignación Completa
LECCIÓN 2 TEMA _____	Información de la lección / Tarea de asignación Completa
LECCIÓN 3 TEMA _____	Información de la lección / Tarea de asignación Completa
LECCIÓN 4 TEMA _____	Información de la lección / Tarea de asignación Completa
LECCIÓN 5 TEMA _____	Información de la lección / Tarea de asignación Completa

FECHA ___/___/___

Los
ESCUELA EN CASA
Profesor planificador

LECCIÓN 1 TEMA _____	Información de la lección / Tarea de asignación Completa
LECCIÓN 2 TEMA _____	Información de la lección / Tarea de asignación Completa
LECCIÓN 3 TEMA _____	Información de la lección / Tarea de asignación Completa
LECCIÓN 4 TEMA _____	Información de la lección / Tarea de asignación Completa
LECCIÓN 5 TEMA _____	Información de la lección / Tarea de asignación Completa

FECHA ___/___/___

LECCIÓN 1 TEMA _____	Información de la lección / Tarea de asignación Completa
LECCIÓN 2 TEMA _____	Información de la lección / Tarea de asignación Completa
LECCIÓN 3 TEMA _____	Información de la lección / Tarea de asignación Completa
LECCIÓN 4 TEMA _____	Información de la lección / Tarea de asignación Completa
LECCIÓN 5 TEMA _____	Información de la lección / Tarea de asignación Completa

FECHA ___/___/___

Los
ESCUELA EN CASA
Profesor planificador

LECCIÓN 1 TEMA _____	Información de la lección / Tarea de asignación
	Completa
LECCIÓN 2 TEMA _____	Información de la lección / Tarea de asignación
	Completa
LECCIÓN 3 TEMA _____	Información de la lección / Tarea de asignación
	Completa
LECCIÓN 4 TEMA _____	Información de la lección / Tarea de asignación
	Completa
LECCIÓN 5 TEMA _____	Información de la lección / Tarea de asignación
	Completa

FECHA ___/___/___

LECCIÓN 1 TEMA _____	Información de la lección / Tarea de asignación
	Completa
LECCIÓN 2 TEMA _____	Información de la lección / Tarea de asignación
	Completa
LECCIÓN 3 TEMA _____	Información de la lección / Tarea de asignación
	Completa
LECCIÓN 4 TEMA _____	Información de la lección / Tarea de asignación
	Completa
LECCIÓN 5 TEMA _____	Información de la lección / Tarea de asignación
	Completa

FECHA ___/___/___

Los
ESCUELA EN CASA
Profesor planificador

LECCIÓN 1 TEMA _____	Información de la lección / Tarea de asignación Completa
LECCIÓN 2 TEMA _____	Información de la lección / Tarea de asignación Completa
LECCIÓN 3 TEMA _____	Información de la lección / Tarea de asignación Completa
LECCIÓN 4 TEMA _____	Información de la lección / Tarea de asignación Completa
LECCIÓN 5 TEMA _____	Información de la lección / Tarea de asignación Completa

FECHA ___/___/___

LECCIÓN 1 TEMA _____	Información de la lección / Tarea de asignación Completa
LECCIÓN 2 TEMA _____	Información de la lección / Tarea de asignación Completa
LECCIÓN 3 TEMA _____	Información de la lección / Tarea de asignación Completa
LECCIÓN 4 TEMA _____	Información de la lección / Tarea de asignación Completa
LECCIÓN 5 TEMA _____	Información de la lección / Tarea de asignación Completa

FECHA ___/___/___

**Los
ESCUELA EN CASA
Profesor planificador**

LECCIÓN 1 TEMA _____	Información de la lección / Tarea de asignación Completa
LECCIÓN 2 TEMA _____	Información de la lección / Tarea de asignación Completa
LECCIÓN 3 TEMA _____	Información de la lección / Tarea de asignación Completa
LECCIÓN 4 TEMA _____	Información de la lección / Tarea de asignación Completa
LECCIÓN 5 TEMA _____	Información de la lección / Tarea de asignación Completa

FECHA ___/___/___

LECCIÓN 1 TEMA _____	Información de la lección / Tarea de asignación Completa
LECCIÓN 2 TEMA _____	Información de la lección / Tarea de asignación Completa
LECCIÓN 3 TEMA _____	Información de la lección / Tarea de asignación Completa
LECCIÓN 4 TEMA _____	Información de la lección / Tarea de asignación Completa
LECCIÓN 5 TEMA _____	Información de la lección / Tarea de asignación Completa

FECHA / /

Los
ESCUELA EN CASA
Profesor planificador

LECCIÓN 1 TEMA _____	Información de la lección / Tarea de asignación Completa
LECCIÓN 2 TEMA _____	Información de la lección / Tarea de asignación Completa
LECCIÓN 3 TEMA _____	Información de la lección / Tarea de asignación Completa
LECCIÓN 4 TEMA _____	Información de la lección / Tarea de asignación Completa
LECCIÓN 5 TEMA _____	Información de la lección / Tarea de asignación Completa

FECHA / /

LECCIÓN 1 TEMA _____	Información de la lección / Tarea de asignación Completa
LECCIÓN 2 TEMA _____	Información de la lección / Tarea de asignación Completa
LECCIÓN 3 TEMA _____	Información de la lección / Tarea de asignación Completa
LECCIÓN 4 TEMA _____	Información de la lección / Tarea de asignación Completa
LECCIÓN 5 TEMA _____	Información de la lección / Tarea de asignación Completa

FECHA ___/___/___

Los ESCUELA EN CASA
Profesor planificador

LECCIÓN 1 TEMA _____	Información de la lección / Tarea de asignación Completa
LECCIÓN 2 TEMA _____	Información de la lección / Tarea de asignación Completa
LECCIÓN 3 TEMA _____	Información de la lección / Tarea de asignación Completa
LECCIÓN 4 TEMA _____	Información de la lección / Tarea de asignación Completa
LECCIÓN 5 TEMA _____	Información de la lección / Tarea de asignación Completa

FECHA ___/___/___

LECCIÓN 1 TEMA _____	Información de la lección / Tarea de asignación Completa
LECCIÓN 2 TEMA _____	Información de la lección / Tarea de asignación Completa
LECCIÓN 3 TEMA _____	Información de la lección / Tarea de asignación Completa
LECCIÓN 4 TEMA _____	Información de la lección / Tarea de asignación Completa
LECCIÓN 5 TEMA _____	Información de la lección / Tarea de asignación Completa

FECHA ___/___/___

Los
ESCUELA EN CASA
Profesor planificador

LECCIÓN 1 TEMA _____	Información de la lección / Tarea de asignación Completa
LECCIÓN 2 TEMA _____	Información de la lección / Tarea de asignación Completa
LECCIÓN 3 TEMA _____	Información de la lección / Tarea de asignación Completa
LECCIÓN 4 TEMA _____	Información de la lección / Tarea de asignación Completa
LECCIÓN 5 TEMA _____	Información de la lección / Tarea de asignación Completa

FECHA ___/___/___

LECCIÓN 1 TEMA _____	Información de la lección / Tarea de asignación Completa
LECCIÓN 2 TEMA _____	Información de la lección / Tarea de asignación Completa
LECCIÓN 3 TEMA _____	Información de la lección / Tarea de asignación Completa
LECCIÓN 4 TEMA _____	Información de la lección / Tarea de asignación Completa
LECCIÓN 5 TEMA _____	Información de la lección / Tarea de asignación Completa

FECHA ___ / ___ / ___

Los
ESCUELA EN CASA
Profesor planificador

LECCIÓN 1 TEMA _____	Información de la lección / Tarea de asignación Completa
LECCIÓN 2 TEMA _____	Información de la lección / Tarea de asignación Completa
LECCIÓN 3 TEMA _____	Información de la lección / Tarea de asignación Completa
LECCIÓN 4 TEMA _____	Información de la lección / Tarea de asignación Completa
LECCIÓN 5 TEMA _____	Información de la lección / Tarea de asignación Completa

FECHA ___ / ___ / ___

LECCIÓN 1 TEMA _____	Información de la lección / Tarea de asignación Completa
LECCIÓN 2 TEMA _____	Información de la lección / Tarea de asignación Completa
LECCIÓN 3 TEMA _____	Información de la lección / Tarea de asignación Completa
LECCIÓN 4 TEMA _____	Información de la lección / Tarea de asignación Completa
LECCIÓN 5 TEMA _____	Información de la lección / Tarea de asignación Completa

FECHA ___/___/___

Los
ESCUELA EN CASA
Profesor planificador

LECCIÓN 1 TEMA _____	Información de la lección / Tarea de asignación Completa
LECCIÓN 2 TEMA _____	Información de la lección / Tarea de asignación Completa
LECCIÓN 3 TEMA _____	Información de la lección / Tarea de asignación Completa
LECCIÓN 4 TEMA _____	Información de la lección / Tarea de asignación Completa
LECCIÓN 5 TEMA _____	Información de la lección / Tarea de asignación Completa

FECHA ___/___/___

LECCIÓN 1 TEMA _____	Información de la lección / Tarea de asignación Completa
LECCIÓN 2 TEMA _____	Información de la lección / Tarea de asignación Completa
LECCIÓN 3 TEMA _____	Información de la lección / Tarea de asignación Completa
LECCIÓN 4 TEMA _____	Información de la lección / Tarea de asignación Completa
LECCIÓN 5 TEMA _____	Información de la lección / Tarea de asignación Completa

FECHA   /   /

Los
ESCUELA EN CASA
Profesor planificador

LECCIÓN 1 TEMA _____	Información de la lección / Tarea de asignación Completa
LECCIÓN 2 TEMA _____	Información de la lección / Tarea de asignación Completa
LECCIÓN 3 TEMA _____	Información de la lección / Tarea de asignación Completa
LECCIÓN 4 TEMA _____	Información de la lección / Tarea de asignación Completa
LECCIÓN 5 TEMA _____	Información de la lección / Tarea de asignación Completa

FECHA   /   /

LECCIÓN 1 TEMA _____	Información de la lección / Tarea de asignación Completa
LECCIÓN 2 TEMA _____	Información de la lección / Tarea de asignación Completa
LECCIÓN 3 TEMA _____	Información de la lección / Tarea de asignación Completa
LECCIÓN 4 TEMA _____	Información de la lección / Tarea de asignación Completa
LECCIÓN 5 TEMA _____	Información de la lección / Tarea de asignación Completa

FECHA / /

Los
ESCUELA EN CASA
Profesor planificador

LECCIÓN 1 TEMA _____	Información de la lección / Tarea de asignación Completa
LECCIÓN 2 TEMA _____	Información de la lección / Tarea de asignación Completa
LECCIÓN 3 TEMA _____	Información de la lección / Tarea de asignación Completa
LECCIÓN 4 TEMA _____	Información de la lección / Tarea de asignación Completa
LECCIÓN 5 TEMA _____	Información de la lección / Tarea de asignación Completa

FECHA / /

LECCIÓN 1 TEMA _____	Información de la lección / Tarea de asignación Completa
LECCIÓN 2 TEMA _____	Información de la lección / Tarea de asignación Completa
LECCIÓN 3 TEMA _____	Información de la lección / Tarea de asignación Completa
LECCIÓN 4 TEMA _____	Información de la lección / Tarea de asignación Completa
LECCIÓN 5 TEMA _____	Información de la lección / Tarea de asignación Completa

FECHA ___/___/___

Los
ESCUELA EN CASA
Profesor planificador

LECCIÓN 1 TEMA _____	Información de la lección / Tarea de asignación Completa
LECCIÓN 2 TEMA _____	Información de la lección / Tarea de asignación Completa
LECCIÓN 3 TEMA _____	Información de la lección / Tarea de asignación Completa
LECCIÓN 4 TEMA _____	Información de la lección / Tarea de asignación Completa
LECCIÓN 5 TEMA _____	Información de la lección / Tarea de asignación Completa

FECHA ___/___/___

LECCIÓN 1 TEMA _____	Información de la lección / Tarea de asignación Completa
LECCIÓN 2 TEMA _____	Información de la lección / Tarea de asignación Completa
LECCIÓN 3 TEMA _____	Información de la lección / Tarea de asignación Completa
LECCIÓN 4 TEMA _____	Información de la lección / Tarea de asignación Completa
LECCIÓN 5 TEMA _____	Información de la lección / Tarea de asignación Completa

FECHA   /   /

Los
ESCUELA EN CASA
Profesor planificador

LECCIÓN 1 TEMA _____	Información de la lección / Tarea de asignación Completa
LECCIÓN 2 TEMA _____	Información de la lección / Tarea de asignación Completa
LECCIÓN 3 TEMA _____	Información de la lección / Tarea de asignación Completa
LECCIÓN 4 TEMA _____	Información de la lección / Tarea de asignación Completa
LECCIÓN 5 TEMA _____	Información de la lección / Tarea de asignación Completa

FECHA   /   /

LECCIÓN 1 TEMA _____	Información de la lección / Tarea de asignación Completa
LECCIÓN 2 TEMA _____	Información de la lección / Tarea de asignación Completa
LECCIÓN 3 TEMA _____	Información de la lección / Tarea de asignación Completa
LECCIÓN 4 TEMA _____	Información de la lección / Tarea de asignación Completa
LECCIÓN 5 TEMA _____	Información de la lección / Tarea de asignación Completa

FECHA / /

Los
ESCUELA EN CASA
Profesor planificador

LECCIÓN 1 TEMA _____	Información de la lección / Tarea de asignación Completa
LECCIÓN 2 TEMA _____	Información de la lección / Tarea de asignación Completa
LECCIÓN 3 TEMA _____	Información de la lección / Tarea de asignación Completa
LECCIÓN 4 TEMA _____	Información de la lección / Tarea de asignación Completa
LECCIÓN 5 TEMA _____	Información de la lección / Tarea de asignación Completa

FECHA / /

LECCIÓN 1 TEMA _____	Información de la lección / Tarea de asignación Completa
LECCIÓN 2 TEMA _____	Información de la lección / Tarea de asignación Completa
LECCIÓN 3 TEMA _____	Información de la lección / Tarea de asignación Completa
LECCIÓN 4 TEMA _____	Información de la lección / Tarea de asignación Completa
LECCIÓN 5 TEMA _____	Información de la lección / Tarea de asignación Completa

FECHA ___ / ___ / ___

Los
ESCUELA EN CASA
Profesor planificador

LECCIÓN 1 TEMA _____	Información de la lección / Tarea de asignación Completa
LECCIÓN 2 TEMA _____	Información de la lección / Tarea de asignación Completa
LECCIÓN 3 TEMA _____	Información de la lección / Tarea de asignación Completa
LECCIÓN 4 TEMA _____	Información de la lección / Tarea de asignación Completa
LECCIÓN 5 TEMA _____	Información de la lección / Tarea de asignación Completa

FECHA ___ / ___ / ___

LECCIÓN 1 TEMA _____	Información de la lección / Tarea de asignación Completa
LECCIÓN 2 TEMA _____	Información de la lección / Tarea de asignación Completa
LECCIÓN 3 TEMA _____	Información de la lección / Tarea de asignación Completa
LECCIÓN 4 TEMA _____	Información de la lección / Tarea de asignación Completa
LECCIÓN 5 TEMA _____	Información de la lección / Tarea de asignación Completa

FECHA ___/___/___

Los ESCUELA EN CASA
Profesor planificador

LECCIÓN 1 TEMA _____	Información de la lección / Tarea de asignación
	Completa

LECCIÓN 2 TEMA _____	Información de la lección / Tarea de asignación
	Completa

LECCIÓN 3 TEMA _____	Información de la lección / Tarea de asignación
	Completa

LECCIÓN 4 TEMA _____	Información de la lección / Tarea de asignación
	Completa

LECCIÓN 5 TEMA _____	Información de la lección / Tarea de asignación
	Completa

FECHA ___/___/___

LECCIÓN 1 TEMA _____	Información de la lección / Tarea de asignación
	Completa

LECCIÓN 2 TEMA _____	Información de la lección / Tarea de asignación
	Completa

LECCIÓN 3 TEMA _____	Información de la lección / Tarea de asignación
	Completa

LECCIÓN 4 TEMA _____	Información de la lección / Tarea de asignación
	Completa

LECCIÓN 5 TEMA _____	Información de la lección / Tarea de asignación
	Completa

FECHA   /   /

Los
ESCUELA EN CASA
Profesor planificador

LECCIÓN 1 TEMA _____	Información de la lección / Tarea de asignación Completa
LECCIÓN 2 TEMA _____	Información de la lección / Tarea de asignación Completa
LECCIÓN 3 TEMA _____	Información de la lección / Tarea de asignación Completa
LECCIÓN 4 TEMA _____	Información de la lección / Tarea de asignación Completa
LECCIÓN 5 TEMA _____	Información de la lección / Tarea de asignación Completa

FECHA   /   /

LECCIÓN 1 TEMA _____	Información de la lección / Tarea de asignación Completa
LECCIÓN 2 TEMA _____	Información de la lección / Tarea de asignación Completa
LECCIÓN 3 TEMA _____	Información de la lección / Tarea de asignación Completa
LECCIÓN 4 TEMA _____	Información de la lección / Tarea de asignación Completa
LECCIÓN 5 TEMA _____	Información de la lección / Tarea de asignación Completa

FECHA / /

Los
ESCUELA EN CASA
Profesor planificador

LECCIÓN 1 TEMA _____	Información de la lección / Tarea de asignación Completa
LECCIÓN 2 TEMA _____	Información de la lección / Tarea de asignación Completa
LECCIÓN 3 TEMA _____	Información de la lección / Tarea de asignación Completa
LECCIÓN 4 TEMA _____	Información de la lección / Tarea de asignación Completa
LECCIÓN 5 TEMA _____	Información de la lección / Tarea de asignación Completa

FECHA / /

LECCIÓN 1 TEMA _____	Información de la lección / Tarea de asignación Completa
LECCIÓN 2 TEMA _____	Información de la lección / Tarea de asignación Completa
LECCIÓN 3 TEMA _____	Información de la lección / Tarea de asignación Completa
LECCIÓN 4 TEMA _____	Información de la lección / Tarea de asignación Completa
LECCIÓN 5 TEMA _____	Información de la lección / Tarea de asignación Completa

FECHA ___/___/___

Los ESCUELA EN CASA
Profesor planificador

LECCIÓN 1 TEMA _____	Información de la lección / Tarea de asignación Completa
LECCIÓN 2 TEMA _____	Información de la lección / Tarea de asignación Completa
LECCIÓN 3 TEMA _____	Información de la lección / Tarea de asignación Completa
LECCIÓN 4 TEMA _____	Información de la lección / Tarea de asignación Completa
LECCIÓN 5 TEMA _____	Información de la lección / Tarea de asignación Completa

FECHA ___/___/___

LECCIÓN 1 TEMA _____	Información de la lección / Tarea de asignación Completa
LECCIÓN 2 TEMA _____	Información de la lección / Tarea de asignación Completa
LECCIÓN 3 TEMA _____	Información de la lección / Tarea de asignación Completa
LECCIÓN 4 TEMA _____	Información de la lección / Tarea de asignación Completa
LECCIÓN 5 TEMA _____	Información de la lección / Tarea de asignación Completa

FECHA ___ / ___ / ___

Los
ESCUELA EN CASA
Profesor planificador

LECCIÓN 1 TEMA _____	Información de la lección / Tarea de asignación Completa
LECCIÓN 2 TEMA _____	Información de la lección / Tarea de asignación Completa
LECCIÓN 3 TEMA _____	Información de la lección / Tarea de asignación Completa
LECCIÓN 4 TEMA _____	Información de la lección / Tarea de asignación Completa
LECCIÓN 5 TEMA _____	Información de la lección / Tarea de asignación Completa

FECHA ___ / ___ / ___

LECCIÓN 1 TEMA _____	Información de la lección / Tarea de asignación Completa
LECCIÓN 2 TEMA _____	Información de la lección / Tarea de asignación Completa
LECCIÓN 3 TEMA _____	Información de la lección / Tarea de asignación Completa
LECCIÓN 4 TEMA _____	Información de la lección / Tarea de asignación Completa
LECCIÓN 5 TEMA _____	Información de la lección / Tarea de asignación Completa

FECHA / /

Los
ESCUELA EN CASA
Profesor planificador

LECCIÓN 1 TEMA _____	Información de la lección / Tarea de asignación Completa
LECCIÓN 2 TEMA _____	Información de la lección / Tarea de asignación Completa
LECCIÓN 3 TEMA _____	Información de la lección / Tarea de asignación Completa
LECCIÓN 4 TEMA _____	Información de la lección / Tarea de asignación Completa
LECCIÓN 5 TEMA _____	Información de la lección / Tarea de asignación Completa

FECHA / /

LECCIÓN 1 TEMA _____	Información de la lección / Tarea de asignación Completa
LECCIÓN 2 TEMA _____	Información de la lección / Tarea de asignación Completa
LECCIÓN 3 TEMA _____	Información de la lección / Tarea de asignación Completa
LECCIÓN 4 TEMA _____	Información de la lección / Tarea de asignación Completa
LECCIÓN 5 TEMA _____	Información de la lección / Tarea de asignación Completa

FECHA / /

**Los
ESCUELA EN CASA
Profesor planificador**

LECCIÓN 1 TEMA _____	Información de la lección / Tarea de asignación Completa
LECCIÓN 2 TEMA _____	Información de la lección / Tarea de asignación Completa
LECCIÓN 3 TEMA _____	Información de la lección / Tarea de asignación Completa
LECCIÓN 4 TEMA _____	Información de la lección / Tarea de asignación Completa
LECCIÓN 5 TEMA _____	Información de la lección / Tarea de asignación Completa

FECHA / /

LECCIÓN 1 TEMA _____	Información de la lección / Tarea de asignación Completa
LECCIÓN 2 TEMA _____	Información de la lección / Tarea de asignación Completa
LECCIÓN 3 TEMA _____	Información de la lección / Tarea de asignación Completa
LECCIÓN 4 TEMA _____	Información de la lección / Tarea de asignación Completa
LECCIÓN 5 TEMA _____	Información de la lección / Tarea de asignación Completa

FECHA ___/___/___

Los
ESCUELA EN CASA
Profesor planificador

LECCIÓN 1 TEMA _____	Información de la lección / Tarea de asignación Completa
LECCIÓN 2 TEMA _____	Información de la lección / Tarea de asignación Completa
LECCIÓN 3 TEMA _____	Información de la lección / Tarea de asignación Completa
LECCIÓN 4 TEMA _____	Información de la lección / Tarea de asignación Completa
LECCIÓN 5 TEMA _____	Información de la lección / Tarea de asignación Completa

FECHA ___/___/___

LECCIÓN 1 TEMA _____	Información de la lección / Tarea de asignación Completa
LECCIÓN 2 TEMA _____	Información de la lección / Tarea de asignación Completa
LECCIÓN 3 TEMA _____	Información de la lección / Tarea de asignación Completa
LECCIÓN 4 TEMA _____	Información de la lección / Tarea de asignación Completa
LECCIÓN 5 TEMA _____	Información de la lección / Tarea de asignación Completa

FECHA ___/___/___

Los
ESCUELA EN CASA
Profesor planificador

LECCIÓN 1 TEMA _____	Información de la lección / Tarea de asignación Completa
LECCIÓN 2 TEMA _____	Información de la lección / Tarea de asignación Completa
LECCIÓN 3 TEMA _____	Información de la lección / Tarea de asignación Completa
LECCIÓN 4 TEMA _____	Información de la lección / Tarea de asignación Completa
LECCIÓN 5 TEMA _____	Información de la lección / Tarea de asignación Completa

FECHA ___/___/___

LECCIÓN 1 TEMA _____	Información de la lección / Tarea de asignación Completa
LECCIÓN 2 TEMA _____	Información de la lección / Tarea de asignación Completa
LECCIÓN 3 TEMA _____	Información de la lección / Tarea de asignación Completa
LECCIÓN 4 TEMA _____	Información de la lección / Tarea de asignación Completa
LECCIÓN 5 TEMA _____	Información de la lección / Tarea de asignación Completa

FECHA ___/___/___

Los
ESCUELA EN CASA
Profesor planificador

LECCIÓN 1 TEMA _____	Información de la lección / Tarea de asignación Completa
LECCIÓN 2 TEMA _____	Información de la lección / Tarea de asignación Completa
LECCIÓN 3 TEMA _____	Información de la lección / Tarea de asignación Completa
LECCIÓN 4 TEMA _____	Información de la lección / Tarea de asignación Completa
LECCIÓN 5 TEMA _____	Información de la lección / Tarea de asignación Completa

FECHA ___/___/___

LECCIÓN 1 TEMA _____	Información de la lección / Tarea de asignación Completa
LECCIÓN 2 TEMA _____	Información de la lección / Tarea de asignación Completa
LECCIÓN 3 TEMA _____	Información de la lección / Tarea de asignación Completa
LECCIÓN 4 TEMA _____	Información de la lección / Tarea de asignación Completa
LECCIÓN 5 TEMA _____	Información de la lección / Tarea de asignación Completa

FECHA ___/___/___

Los
ESCUELA EN CASA
Profesor planificador

LECCIÓN 1 TEMA _____	Información de la lección / Tarea de asignación Completa
LECCIÓN 2 TEMA _____	Información de la lección / Tarea de asignación Completa
LECCIÓN 3 TEMA _____	Información de la lección / Tarea de asignación Completa
LECCIÓN 4 TEMA _____	Información de la lección / Tarea de asignación Completa
LECCIÓN 5 TEMA _____	Información de la lección / Tarea de asignación Completa

FECHA ___/___/___

LECCIÓN 1 TEMA _____	Información de la lección / Tarea de asignación Completa
LECCIÓN 2 TEMA _____	Información de la lección / Tarea de asignación Completa
LECCIÓN 3 TEMA _____	Información de la lección / Tarea de asignación Completa
LECCIÓN 4 TEMA _____	Información de la lección / Tarea de asignación Completa
LECCIÓN 5 TEMA _____	Información de la lección / Tarea de asignación Completa

FECHA / /

Los
ESCUELA EN CASA
Profesor planificador

LECCIÓN 1 TEMA _____	Información de la lección / Tarea de asignación Completa
LECCIÓN 2 TEMA _____	Información de la lección / Tarea de asignación Completa
LECCIÓN 3 TEMA _____	Información de la lección / Tarea de asignación Completa
LECCIÓN 4 TEMA _____	Información de la lección / Tarea de asignación Completa
LECCIÓN 5 TEMA _____	Información de la lección / Tarea de asignación Completa

FECHA / /

LECCIÓN 1 TEMA _____	Información de la lección / Tarea de asignación Completa
LECCIÓN 2 TEMA _____	Información de la lección / Tarea de asignación Completa
LECCIÓN 3 TEMA _____	Información de la lección / Tarea de asignación Completa
LECCIÓN 4 TEMA _____	Información de la lección / Tarea de asignación Completa
LECCIÓN 5 TEMA _____	Información de la lección / Tarea de asignación Completa

FECHA ___/___/___

Los
ESCUELA EN CASA
Profesor planificador

LECCIÓN 1 TEMA _____	Información de la lección / Tarea de asignación Completa
LECCIÓN 2 TEMA _____	Información de la lección / Tarea de asignación Completa
LECCIÓN 3 TEMA _____	Información de la lección / Tarea de asignación Completa
LECCIÓN 4 TEMA _____	Información de la lección / Tarea de asignación Completa
LECCIÓN 5 TEMA _____	Información de la lección / Tarea de asignación Completa

FECHA ___/___/___

LECCIÓN 1 TEMA _____	Información de la lección / Tarea de asignación Completa
LECCIÓN 2 TEMA _____	Información de la lección / Tarea de asignación Completa
LECCIÓN 3 TEMA _____	Información de la lección / Tarea de asignación Completa
LECCIÓN 4 TEMA _____	Información de la lección / Tarea de asignación Completa
LECCIÓN 5 TEMA _____	Información de la lección / Tarea de asignación Completa

FECHA ___/___/___

Los
ESCUELA EN CASA
Profesor planificador

LECCIÓN 1 TEMA _____	Información de la lección / Tarea de asignación Completa
LECCIÓN 2 TEMA _____	Información de la lección / Tarea de asignación Completa
LECCIÓN 3 TEMA _____	Información de la lección / Tarea de asignación Completa
LECCIÓN 4 TEMA _____	Información de la lección / Tarea de asignación Completa
LECCIÓN 5 TEMA _____	Información de la lección / Tarea de asignación Completa

FECHA ___/___/___

LECCIÓN 1 TEMA _____	Información de la lección / Tarea de asignación Completa
LECCIÓN 2 TEMA _____	Información de la lección / Tarea de asignación Completa
LECCIÓN 3 TEMA _____	Información de la lección / Tarea de asignación Completa
LECCIÓN 4 TEMA _____	Información de la lección / Tarea de asignación Completa
LECCIÓN 5 TEMA _____	Información de la lección / Tarea de asignación Completa

FECHA ___/___/___

Los
ESCUELA EN CASA
Profesor planificador

LECCIÓN 1 TEMA _____	Información de la lección / Tarea de asignación Completa
LECCIÓN 2 TEMA _____	Información de la lección / Tarea de asignación Completa
LECCIÓN 3 TEMA _____	Información de la lección / Tarea de asignación Completa
LECCIÓN 4 TEMA _____	Información de la lección / Tarea de asignación Completa
LECCIÓN 5 TEMA _____	Información de la lección / Tarea de asignación Completa

FECHA ___/___/___

LECCIÓN 1 TEMA _____	Información de la lección / Tarea de asignación Completa
LECCIÓN 2 TEMA _____	Información de la lección / Tarea de asignación Completa
LECCIÓN 3 TEMA _____	Información de la lección / Tarea de asignación Completa
LECCIÓN 4 TEMA _____	Información de la lección / Tarea de asignación Completa
LECCIÓN 5 TEMA _____	Información de la lección / Tarea de asignación Completa

FECHA ___/___/___

Los
ESCUELA EN CASA
Profesor planificador

LECCIÓN 1 TEMA _____	Información de la lección / Tarea de asignación Completa
LECCIÓN 2 TEMA _____	Información de la lección / Tarea de asignación Completa
LECCIÓN 3 TEMA _____	Información de la lección / Tarea de asignación Completa
LECCIÓN 4 TEMA _____	Información de la lección / Tarea de asignación Completa
LECCIÓN 5 TEMA _____	Información de la lección / Tarea de asignación Completa

FECHA ___/___/___

LECCIÓN 1 TEMA _____	Información de la lección / Tarea de asignación Completa
LECCIÓN 2 TEMA _____	Información de la lección / Tarea de asignación Completa
LECCIÓN 3 TEMA _____	Información de la lección / Tarea de asignación Completa
LECCIÓN 4 TEMA _____	Información de la lección / Tarea de asignación Completa
LECCIÓN 5 TEMA _____	Información de la lección / Tarea de asignación Completa

FECHA ___ / ___ / ___

Los
ESCUELA EN CASA
Profesor planificador

LECCIÓN 1 TEMA _____	Información de la lección / Tarea de asignación Completa
LECCIÓN 2 TEMA _____	Información de la lección / Tarea de asignación Completa
LECCIÓN 3 TEMA _____	Información de la lección / Tarea de asignación Completa
LECCIÓN 4 TEMA _____	Información de la lección / Tarea de asignación Completa
LECCIÓN 5 TEMA _____	Información de la lección / Tarea de asignación Completa

FECHA ___ / ___ / ___

LECCIÓN 1 TEMA _____	Información de la lección / Tarea de asignación Completa
LECCIÓN 2 TEMA _____	Información de la lección / Tarea de asignación Completa
LECCIÓN 3 TEMA _____	Información de la lección / Tarea de asignación Completa
LECCIÓN 4 TEMA _____	Información de la lección / Tarea de asignación Completa
LECCIÓN 5 TEMA _____	Información de la lección / Tarea de asignación Completa

FECHA / /

**Los
ESCUELA EN CASA
Profesor planificador**

LECCIÓN 1 TEMA _____	Información de la lección / Tarea de asignación
	Completa

LECCIÓN 2 TEMA _____	Información de la lección / Tarea de asignación
	Completa

LECCIÓN 3 TEMA _____	Información de la lección / Tarea de asignación
	Completa

LECCIÓN 4 TEMA _____	Información de la lección / Tarea de asignación
	Completa

LECCIÓN 5 TEMA _____	Información de la lección / Tarea de asignación
	Completa

FECHA / /

LECCIÓN 1 TEMA _____	Información de la lección / Tarea de asignación
	Completa

LECCIÓN 2 TEMA _____	Información de la lección / Tarea de asignación
	Completa

LECCIÓN 3 TEMA _____	Información de la lección / Tarea de asignación
	Completa

LECCIÓN 4 TEMA _____	Información de la lección / Tarea de asignación
	Completa

LECCIÓN 5 TEMA _____	Información de la lección / Tarea de asignación
	Completa

FECHA   /   /

Los
ESCUELA EN CASA
Profesor planificador

LECCIÓN 1 TEMA _____	Información de la lección / Tarea de asignación Completa
LECCIÓN 2 TEMA _____	Información de la lección / Tarea de asignación Completa
LECCIÓN 3 TEMA _____	Información de la lección / Tarea de asignación Completa
LECCIÓN 4 TEMA _____	Información de la lección / Tarea de asignación Completa
LECCIÓN 5 TEMA _____	Información de la lección / Tarea de asignación Completa

FECHA   /   /

LECCIÓN 1 TEMA _____	Información de la lección / Tarea de asignación Completa
LECCIÓN 2 TEMA _____	Información de la lección / Tarea de asignación Completa
LECCIÓN 3 TEMA _____	Información de la lección / Tarea de asignación Completa
LECCIÓN 4 TEMA _____	Información de la lección / Tarea de asignación Completa
LECCIÓN 5 TEMA _____	Información de la lección / Tarea de asignación Completa

FECHA ___/___/___

Los
ESCUELA EN CASA
Profesor planificador

LECCIÓN 1 TEMA _____	Información de la lección / Tarea de asignación Completa
LECCIÓN 2 TEMA _____	Información de la lección / Tarea de asignación Completa
LECCIÓN 3 TEMA _____	Información de la lección / Tarea de asignación Completa
LECCIÓN 4 TEMA _____	Información de la lección / Tarea de asignación Completa
LECCIÓN 5 TEMA _____	Información de la lección / Tarea de asignación Completa

FECHA ___/___/___

LECCIÓN 1 TEMA _____	Información de la lección / Tarea de asignación Completa
LECCIÓN 2 TEMA _____	Información de la lección / Tarea de asignación Completa
LECCIÓN 3 TEMA _____	Información de la lección / Tarea de asignación Completa
LECCIÓN 4 TEMA _____	Información de la lección / Tarea de asignación Completa
LECCIÓN 5 TEMA _____	Información de la lección / Tarea de asignación Completa

FECHA ___/___/___

Los
ESCUELA EN CASA
Profesor planificador

LECCIÓN 1 TEMA _____	Información de la lección / Tarea de asignación Completa
LECCIÓN 2 TEMA _____	Información de la lección / Tarea de asignación Completa
LECCIÓN 3 TEMA _____	Información de la lección / Tarea de asignación Completa
LECCIÓN 4 TEMA _____	Información de la lección / Tarea de asignación Completa
LECCIÓN 5 TEMA _____	Información de la lección / Tarea de asignación Completa

FECHA ___/___/___

LECCIÓN 1 TEMA _____	Información de la lección / Tarea de asignación Completa
LECCIÓN 2 TEMA _____	Información de la lección / Tarea de asignación Completa
LECCIÓN 3 TEMA _____	Información de la lección / Tarea de asignación Completa
LECCIÓN 4 TEMA _____	Información de la lección / Tarea de asignación Completa
LECCIÓN 5 TEMA _____	Información de la lección / Tarea de asignación Completa

FECHA ___ / ___ / ___

Los
ESCUELA EN CASA
Profesor planificador

LECCIÓN 1 TEMA _____	Información de la lección / Tarea de asignación Completa
LECCIÓN 2 TEMA _____	Información de la lección / Tarea de asignación Completa
LECCIÓN 3 TEMA _____	Información de la lección / Tarea de asignación Completa
LECCIÓN 4 TEMA _____	Información de la lección / Tarea de asignación Completa
LECCIÓN 5 TEMA _____	Información de la lección / Tarea de asignación Completa

FECHA ___ / ___ / ___

LECCIÓN 1 TEMA _____	Información de la lección / Tarea de asignación Completa
LECCIÓN 2 TEMA _____	Información de la lección / Tarea de asignación Completa
LECCIÓN 3 TEMA _____	Información de la lección / Tarea de asignación Completa
LECCIÓN 4 TEMA _____	Información de la lección / Tarea de asignación Completa
LECCIÓN 5 TEMA _____	Información de la lección / Tarea de asignación Completa

FECHA ___/___/___

Los
ESCUELA EN CASA
Profesor planificador

LECCIÓN 1 TEMA _____	Información de la lección / Tarea de asignación Completa
LECCIÓN 2 TEMA _____	Información de la lección / Tarea de asignación Completa
LECCIÓN 3 TEMA _____	Información de la lección / Tarea de asignación Completa
LECCIÓN 4 TEMA _____	Información de la lección / Tarea de asignación Completa
LECCIÓN 5 TEMA _____	Información de la lección / Tarea de asignación Completa

FECHA ___/___/___

LECCIÓN 1 TEMA _____	Información de la lección / Tarea de asignación Completa
LECCIÓN 2 TEMA _____	Información de la lección / Tarea de asignación Completa
LECCIÓN 3 TEMA _____	Información de la lección / Tarea de asignación Completa
LECCIÓN 4 TEMA _____	Información de la lección / Tarea de asignación Completa
LECCIÓN 5 TEMA _____	Información de la lección / Tarea de asignación Completa

FECHA ___ / ___ / ___

Los
ESCUELA EN CASA
Profesor planificador

LECCIÓN 1 TEMA _____	Información de la lección / Tarea de asignación Completa
LECCIÓN 2 TEMA _____	Información de la lección / Tarea de asignación Completa
LECCIÓN 3 TEMA _____	Información de la lección / Tarea de asignación Completa
LECCIÓN 4 TEMA _____	Información de la lección / Tarea de asignación Completa
LECCIÓN 5 TEMA _____	Información de la lección / Tarea de asignación Completa

FECHA ___ / ___ / ___

LECCIÓN 1 TEMA _____	Información de la lección / Tarea de asignación Completa
LECCIÓN 2 TEMA _____	Información de la lección / Tarea de asignación Completa
LECCIÓN 3 TEMA _____	Información de la lección / Tarea de asignación Completa
LECCIÓN 4 TEMA _____	Información de la lección / Tarea de asignación Completa
LECCIÓN 5 TEMA _____	Información de la lección / Tarea de asignación Completa

**Los
ESCUELA EN CASA
Profesor planificador**

ASIGNACIONES PRINCIPALES

ASIGNACIONES PRINCIPALES

FECHA:

TEMA:	ASIGNACIÓN / TAREA

Notas

Grado

Firma _____ Fecha _____

FECHA:

TEMA:	ASIGNACIÓN / TAREA

Notas

Grado

Firma _____ Fecha _____

ASIGNACIONES PRINCIPALES

FECHA:

TEMA:	ASIGNACIÓN / TAREA

Notas

Firma _____ Fecha _____

Grado

FECHA:

TEMA:	ASIGNACIÓN / TAREA

Notas

Firma _____ Fecha _____

Grado

ASIGNACIONES PRINCIPALES

FECHA:

TEMA:	ASIGNACIÓN / TAREA

Notas

Firma _____ Fecha _____

Grado

FECHA:

TEMA:	ASIGNACIÓN / TAREA

Notas

Firma _____ Fecha _____

Grado

ASIGNACIONES PRINCIPALES

FECHA:

TEMA:	ASIGNACIÓN / TAREA

Notas

Firma _____ Fecha _____

Grado

FECHA:

TEMA:	ASIGNACIÓN / TAREA

Notas

Firma _____ Fecha _____

Grado

ASIGNACIONES PRINCIPALES

FECHA:

TEMA:	ASIGNACIÓN / TAREA

Notas

Firma _____   Fecha _____

Grado

FECHA:

TEMA:	ASIGNACIÓN / TAREA

Notas

Firma _____   Fecha _____

Grado

ASIGNACIONES PRINCIPALES

FECHA:

TEMA:	ASIGNACIÓN / TAREA

Notas

Firma _____ Fecha _____

Grado

FECHA:

TEMA:	ASIGNACIÓN / TAREA

Notas

Firma _____ Fecha _____

Grado

ASIGNACIONES PRINCIPALES

FECHA:

TEMA:	ASIGNACIÓN / TAREA

Notas

Firma _____ Fecha _____

Grado

FECHA:

TEMA:	ASIGNACIÓN / TAREA

Notas

Firma _____ Fecha _____

Grado

ASIGNACIONES PRINCIPALES

FECHA:

TEMA:	ASIGNACIÓN / TAREA

Notas

Firma _____ Fecha _____

Grado

FECHA:

TEMA:	ASIGNACIÓN / TAREA

Notas

Firma _____ Fecha _____

Grado

ASIGNACIONES PRINCIPALES

FECHA:

TEMA:	ASIGNACIÓN / TAREA

Notas

Firma _____ Fecha _____

Grado

FECHA:

TEMA:	ASIGNACIÓN / TAREA

Notas

Firma _____ Fecha _____

Grado

ASIGNACIONES PRINCIPALES

FECHA:

TEMA:	ASIGNACIÓN / TAREA

Notas

Firma _____ Fecha _____

Grado

FECHA:

TEMA:	ASIGNACIÓN / TAREA

Notas

Firma _____ Fecha _____

Grado

ASIGNACIONES PRINCIPALES

FECHA:

TEMA:	ASIGNACIÓN / TAREA

Notas

Firma _____ Fecha _____

Grado

FECHA:

TEMA:	ASIGNACIÓN / TAREA

Notas

Firma _____ Fecha _____

Grado

ASIGNACIONES PRINCIPALES

FECHA:

TEMA:	ASIGNACIÓN / TAREA

Notas

Firma _____ Fecha _____

Grado

FECHA:

TEMA:	ASIGNACIÓN / TAREA

Notas

Firma _____ Fecha _____

Grado

ASIGNACIONES PRINCIPALES

FECHA:

TEMA:	ASIGNACIÓN / TAREA

Notas

Firma _____ Fecha _____

Grado

FECHA:

TEMA:	ASIGNACIÓN / TAREA

Notas

Firma _____ Fecha _____

Grado

ASIGNACIONES PRINCIPALES

FECHA:

TEMA:	ASIGNACIÓN / TAREA

Notas

Firma _____ Fecha _____

Grado

FECHA:

TEMA:	ASIGNACIÓN / TAREA

Notas

Firma _____ Fecha _____

Grado

ASIGNACIONES PRINCIPALES

FECHA:

TEMA:	ASIGNACIÓN / TAREA

Notas

Firma _____ Fecha _____

Grado

FECHA:

TEMA:	ASIGNACIÓN / TAREA

Notas

Firma _____ Fecha _____

Grado

ASIGNACIONES PRINCIPALES

FECHA:

TEMA:	ASIGNACIÓN / TAREA

Notas

Firma _____ Fecha _____

Grado

FECHA:

TEMA:	ASIGNACIÓN / TAREA

Notas

Firma _____ Fecha _____

Grado

ASIGNACIONES PRINCIPALES

FECHA:

TEMA:	ASIGNACIÓN / TAREA

Notas

Firma _____ Fecha _____

Grado

FECHA:

TEMA:	ASIGNACIÓN / TAREA

Notas

Firma _____ Fecha _____

Grado

ASIGNACIONES PRINCIPALES

FECHA:

TEMA:	ASIGNACIÓN / TAREA

Notas

Firma _____ Fecha _____

Grado

FECHA:

TEMA:	ASIGNACIÓN / TAREA

Notas

Firma _____ Fecha _____

Grado

ASIGNACIONES PRINCIPALES

FECHA:

TEMA:	ASIGNACIÓN / TAREA

Notas

Firma _____ Fecha _____

Grado

FECHA:

TEMA:	ASIGNACIÓN / TAREA

Notas

Firma _____ Fecha _____

Grado

ASIGNACIONES PRINCIPALES

FECHA:

TEMA:	ASIGNACIÓN / TAREA

Notas

Firma _____ Fecha _____

Grado

FECHA:

TEMA:	ASIGNACIÓN / TAREA

Notas

Firma _____ Fecha _____

Grado

ASIGNACIONES PRINCIPALES

FECHA:

TEMA:	ASIGNACIÓN / TAREA

Notas

Firma _____ Fecha _____

Grado

FECHA:

TEMA:	ASIGNACIÓN / TAREA

Notas

Firma _____ Fecha _____

Grado

Los
ESCUELA EN CASA
Profesor planificador

LAS BOLETAS DE CALIFICACIONES

boleta de calificaciones.

FECHA ☐ **NIVEL ESCOLAR** ☐

NOMBRE ☐

AÑOS ☐ **PERÍODO DE INFORMACIÓN** P.ej. Septiembre a noviembre ☐

....

TEMA ☐ **GRADO** ☐
COMENTARIOS
☐

TEMA ☐ **GRADO** ☐
COMENTARIOS
☐

TEMA ☐ **GRADO** ☐
COMENTARIOS
☐

boleta de calificaciones.

FECHA _____   **NIVEL ESCOLAR** ____

NOMBRE _____

AÑOS ____   **PERÍODO DE INFORMACIÓN**   P.ej. Septiembre a noviembre ____

....

TEMA _____   **GRADO** ____

COMENTARIOS

[   ]

TEMA _____   **GRADO** ____

COMENTARIOS

[   ]

TEMA _____   **GRADO** ____

COMENTARIOS

[   ]

boleta de calificaciones.

FECHA [ ]　　**NIVEL ESCOLAR** [ ]

NOMBRE [ ]

AÑOS [ ]　**PERÍODO DE INFORMACIÓN**　P.ej. Septiembre a noviembre [ ]

TEMA [ ]　**GRADO** [ ]

COMENTARIOS

[ ]

TEMA [ ]　**GRADO** [ ]

COMENTARIOS

[ ]

TEMA [ ]　**GRADO** [ ]

COMENTARIOS

[ ]

boleta de calificaciones.

FECHA ☐ **NIVEL ESCOLAR** ☐

NOMBRE ☐

AÑOS ☐ **PERÍODO DE INFORMACIÓN** P.ej. Septiembre a noviembre ☐

....

TEMA ☐ **GRADO** ☐

COMENTARIOS

☐

TEMA ☐ **GRADO** ☐

COMENTARIOS

☐

TEMA ☐ **GRADO** ☐

COMENTARIOS

☐

boleta de calificaciones.

FECHA _____   **NIVEL ESCOLAR** ____

NOMBRE _____

AÑOS ____   **PERÍODO DE INFORMACIÓN**   P.ej. Septiembre a noviembre ____

....

TEMA _____   **GRADO** ____

COMENTARIOS

_____

TEMA _____   **GRADO** ____

COMENTARIOS

_____

TEMA _____   **GRADO** ____

COMENTARIOS

_____

boleta de calificaciones.

FECHA ___ **NIVEL ESCOLAR** ___

NOMBRE ___

AÑOS ___ **PERÍODO DE INFORMACIÓN** P.ej. Septiembre a noviembre ___

....

TEMA ___ **GRADO** ___

COMENTARIOS

___

TEMA ___ **GRADO** ___

COMENTARIOS

___

TEMA ___ **GRADO** ___

COMENTARIOS

___

boleta de calificaciones.

FECHA _____ **NIVEL ESCOLAR** _____

NOMBRE _____

AÑOS _____ **PERÍODO DE INFORMACIÓN** P.ej. Septiembre a noviembre _____

TEMA _____ **GRADO** _____
COMENTARIOS

TEMA _____ **GRADO** _____
COMENTARIOS

TEMA _____ **GRADO** _____
COMENTARIOS

boleta de calificaciones.

FECHA [   ]　　**NIVEL ESCOLAR** [   ]

NOMBRE [   ]

AÑOS [   ]　**PERÍODO DE INFORMACIÓN**　P.ej. Septiembre a noviembre [   ]

....

TEMA [   ]　**GRADO** [   ]

COMENTARIOS

[   ]

TEMA [   ]　**GRADO** [   ]

COMENTARIOS

[   ]

TEMA [   ]　**GRADO** [   ]

COMENTARIOS

[   ]

boleta de calificaciones.

FECHA ⬜ **NIVEL ESCOLAR** ⬜

NOMBRE ⬜

AÑOS ⬜ **PERÍODO DE INFORMACIÓN** P.ej. Septiembre a noviembre ⬜

TEMA ⬜ **GRADO** ⬜

COMENTARIOS

⬜

TEMA ⬜ **GRADO** ⬜

COMENTARIOS

⬜

TEMA ⬜ **GRADO** ⬜

COMENTARIOS

⬜

boleta de calificaciones.

FECHA ☐ **NIVEL ESCOLAR** ☐

NOMBRE ☐

AÑOS ☐ **PERÍODO DE INFORMACIÓN** P.ej. Septiembre a noviembre ☐

....

TEMA ☐ **GRADO** ☐

COMENTARIOS

☐

TEMA ☐ **GRADO** ☐

COMENTARIOS

☐

TEMA ☐ **GRADO** ☐

COMENTARIOS

☐

boleta de calificaciones.

FECHA _____ **NIVEL ESCOLAR** _____

NOMBRE _____

AÑOS _____ **PERÍODO DE INFORMACIÓN** P.ej. Septiembre a noviembre _____

TEMA _____ **GRADO** _____
COMENTARIOS

TEMA _____ **GRADO** _____
COMENTARIOS

TEMA _____ **GRADO** _____
COMENTARIOS

notas.

Los
ESCUELA EN CASA
Profesor planificador

Los
ESCUELA EN CASA
Profesor planificador

ORDENE SU PRÓXIMO COPIA DEL

Los ESCUELA EN CASA Profesor planificador

¡HOY!

y organizarse para su próximo año escolar.

Disponible en todas las principales librerías en línea

Lightning Source UK Ltd.
Milton Keynes UK
UKHW052218210820
368606UK00010BA/772